Russisch als zweite Fremdsprache

Конечно! 2

Grammatisches Beiheft

von
Ulf Borgwardt

Ernst Klett Verlag
Stuttgart • Leipzig

Abkürzungen und Symbole

W	Wiederholung	m.	maskulin	Nom.	Nominativ
NEU	Neues Thema	f.	feminin	Gen.	Genitiv
R 7	Regel	n.	neutral	Dat.	Dativ
⚠	Beachte!	Sg.	Singular	Akk.	Akkusativ
		Pl.	Plural	Instr.	Instrumental
		Pers.	Person	Präp.	Präpositiv
				uv.	unvollendeter Aspekt
				vo.	vollendeter Aspekt

Das russische Alphabet

Druck-schrift	Schreib-schrift	Buchstaben-name	deutsche Entsprechung	Aussprache etwa wie in
А, а	А, а	а	a	*betont:* B**a**hn *unbetont:* k**a**nn, Berg**e**
Б, б	Б, б	бэ	b	*hart:* **B**ad; weich: **Bi**anca
В, в	В, в	вэ	w	*hart:* **w**as, weich: Pa**vi**ane
Г, г	Г, г	гэ	g	*hart:* **G**arten; *weich:* Re**gi**on
Д, д	Д, д	дэ	d	*hart:* **d**och; *weich:* Ra**di**o
Е, е	Е, е	е	je e *nach Konsonant*	*betont:* **je**ne, **je**tzt; *unbetont:* **ji**ddisch *betont:* B**e**tt, B**ee**t; *unbetont:* b**i**tte
Ё, ё	Ё, ё	ё	jo o *nach Zischlaut*	*nur betont:* **Jo**chen Gorbatsch**o**w
Ж, ж	Ж, ж	жэ	sh *immer stimmhaft*	*nur hart:* Eta**g**e
З, з	З, з	зэ	s *immer stimmhaft*	*hart:* **S**ohn; *weich:* Exkur**si**on
И, и	И, и	и	i	**I**gel; *unbetont:* b**i**tte
Й, й	Й, й	и кра́ткое	j	Jun**i**or, Ma**i**
К, к	К, к	ка	k	*hart:* **K**och; *weich:* Ban**ki**er
Л, л	Л, л	эл	l	*hart:* we**ll** *(engl.)*; *weich:* **Li**lie
М, м	М, м	эм	m	*hart:* **M**eer; *weich:* Mu**mi**e
Н, н	Н, н	эн	n	*hart:* **N**ame; *weich:* **ni**e
О, о	О, о	о	o	*betont:*T**o**chter; *unbetont:* k**a**nn
П, п	П, п	пэ	p	*hart:* **P**a**p**a; *weich:* Olym**pi**ade
Р, р	Р, р	эр	r	*hart:* **R**asen; *weich:* O**ri**ent
С, с	С, с	эс	ss *immer stimmlos*	*hart:* Pa**ss**; *weich:* Disku**ssi**on
Т, т	Т, т	тэ	t	*hart:* **T**ante; *weich:* An**tj**e
У, у	У, у	у	u	*betont:* **U**hu; *unbetont:* Uh**u**
Ф, ф	Ф, ф	эф	f	*hart:* **F**oto; *weich:* **Fi**eber
Х, х	Х, х	ха	ch	*hart:* a**ch**; *weich:* i**ch**
Ц, ц	Ц, ц	цэ	z	*nur hart:* **Z**ahn
Ч, ч	Ч, ч	че	tsch	*nur weich:* Deu**tsch**e
Ш, ш	Ш, ш	ша	sch	*nur hart:* Mi**sch**ka
Щ, щ	Щ, щ	ща	sch(t)sch	*nur weich, wie langes sch:* Fri**sch-Sch**inken
ъ	ъ	твёрдый знак	–	*kein selbstständiger Laut, vorheriger Konsonant wird hart ausgesprochen*
ы	ы	ы	y	*ähnlich wie in* W**i**rt, *mit breitem Mund ausgesprochen; nie am Wortanfang*
ь	ь	мя́гкий знак	–	*kein selbstständiger Laut, vorheriger Konsonant wird weich ausgesprochen*
Э, э	Э, э	э	ä e	*betont:* **Ä**rger *betont:* **E**thik; *unbetont:* b**i**tte, d**ü**nn
Ю, ю	Ю, ю	ю	ju (j)u *nach Konsonant*	*betont:* **Ju**ni; *unbetont:* **Ju**wel *betont:* L(j)**u**ba; *unbetont:* Uh**u**
Я, я	Я, я	я	ja a *nach Konsonant*	*betont:* **Ja**hr; *unbetont:* **j** + kurzes **i** *betont:* tj**a**; *unbetont:* kurzes **i** in b**i**tte

Ура́, кани́кулы!

§1 Die Deklination der femininen Substantive auf –ия (Singular)

W Du weißt, wie feminine Substantive mit weichem Stammauslaut (z. B. неде́ля) dekliniert werden.

NEU Du lernst nun, wie man die Substantive auf –ия im Singular dekliniert.

Singular	Substantive auf **-я**	Substantive auf **-ия**
Nom.	неде́л**я**	экску́рс**ия**
Gen.	неде́л**и**	экску́рс**ии**
Dat.	неде́л**е**	экску́рс**ии** (!)
Akk.	неде́л**ю**	экску́рс**ию**
Instr.	неде́л**ей**	экску́рс**ией**
Präp.	(о) неде́л**е**	(об) экску́рс**ии** (!)

§2 Die Deklination der Adjektive mit hartem Stammauslaut/ des Fragepronomens како́й (Dativ, Akkusativ und Instrumental Singular)

W Du weißt bereits, wie Nominativ, Genitiv und Präpositiv Singular von den Adjektiven mit hartem Stammauslaut und von како́й gebildet werden (GBH I, § 34).

NEU Du lernst jetzt die Singularendungen der noch nicht behandelten Kasus kennen.

Как**о́й** э́то учени́к? Как**а́я** э́то учени́ц**а**?	Э́то но́в**ый** учени́к. Э́то но́в**ая** учени́ц**а**.
Как**о́му** ученик**у́** 13 лет? Как**о́й** учени́ц**е** 12 лет?	Но́в**ому** ученик**у́**. Но́в**ой** учени́ц**е**.
Как**о́й** фильм вы вчера́ смотре́ли? Как**о́го** ученик**а́** ты ещё не зна́ешь? Как**у́ю** учени́ц**у** ты ещё не зна́ешь?	Но́в**ый** фильм из Ита́лии. Но́в**ого** ученик**а́**. Но́в**ую** учени́ц**у**.
С как**и́м** ученик**о́м** Ива́н был в кино́? С как**о́й** учени́ц**ей** И́ра была́ в клу́бе?	С но́в**ым** ученик**о́м**. С но́в**ой** учени́ц**ей**.

	maskulin	neutral	feminin
Nom.	но́вый како́й?	но́вое како́е?	но́вая кака́я?
Gen.	но́вого[1] како́го[1]?	но́вого[1] како́го[1]?	но́вой како́й?
Dat.	но́вому како́му?	но́вому како́му?	но́вой како́й?
Akk.	Nom./Gen.[2]	но́вое како́е?	но́вую каку́ю?
Instr.	но́вым каки́м?	но́вым каки́м?	но́вой како́й?
Präp.	(о) но́вом (о) како́м?	(о) но́вом (о) како́м?	(о) но́вой (о) како́й?

[1] Aussprache des г in ого wie [в]. [2] Nom. vor unbelebten, Gen. vor belebten Substantiven.

Die Endungen der **maskulinen** und **neutralen** Formen stimmen (außer im Nominativ und Akkusativ) überein. Du musst sie also nur einmal lernen. Die Endungen **femininer** Adjektive lernst du leicht, wenn du sie dir rhythmisch im Walzertakt vorsprichst.

Nach **г, к, х** und **Zischlaut** das **-ы** steht nie, hier schreibe immer nur das **-и**.

⚠ So wie die Adjektive und како́й werden auch die Ordnungszahlen (außer тре́тий) dekliniert.

§ 3 Die Grundregeln für den Gebrauch der Aspekte des Verbs

NEU Im Russischen kann eine Handlung von zwei unterschiedlichen Standpunkten aus betrachtet werden. Diese Betrachtungsweisen nennt man **Aspekte**. Dementsprechend stehen einer deutschen Verbform meist **zwei russische Verbformen** mit derselben Grundbedeutung gegenüber, z. B. kaufen – покупа́ть und купи́ть. Du lernst jetzt, wann du welchen Aspekt verwenden musst.

Du kennst schon einige Aspektpaare, z. B.:

unvollendetes Verb	vollendetes Verb	deutsche Grundbedeutung
звони́ть	позвони́ть	anrufen, telefonieren
писа́ть	написа́ть	schreiben
покупа́ть	купи́ть	kaufen
получа́ть	получи́ть	bekommen, erhalten
чита́ть	прочита́ть	lesen

Präge dir beim Lernen neuer Verben immer beide Aspektpartner ein.

unvollendeter Aspekt

Вчера́ я ви́дела И́ру в магази́не. Там она́ **покупа́ла** но́вый сви́тер.

Gestern habe ich Ira im Laden gesehen. Sie kaufte sich (gerade) einen neuen Pullover.

... She was buying a new pullover.

⚠ Hervorgehoben wird der **Verlauf** des Kaufens – nicht, ob Ira den Pullover schließlich gekauft hat oder nicht.

vollendeter Aspekt

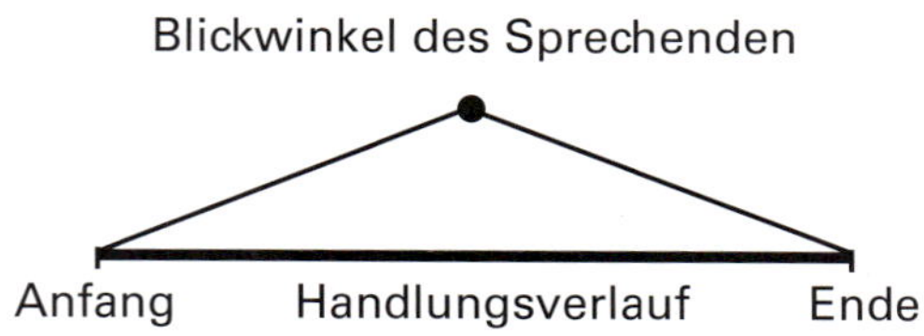

Вчера́ И́ра **купи́ла** но́вый сви́тер.

Gestern hat sich Ira einen neuen Pullover gekauft.

Yesterday Ira bought a new pullover.

⚠ Hervorgehoben wird das **Ergebnis** des Kaufs: Ira ist jetzt im Besitz des neuen Pullovers.

R 1 Wenn du den **Verlauf**, die **Dauer** oder die **Wiederholung** einer Handlung hervorheben willst, verwende das Verb im **unvollendeten Aspekt**.
Die unvollendete Verbform entspricht oft der englischen Verlaufsform.
Wenn du aber die **Einmaligkeit** oder das **Ergebnis** einer Handlung hervorheben willst, dann gebrauche das Verb im **vollendeten Aspekt**.

Im Präsens wird nur der **unvollendete** Aspekt verwendet.

⚠ Nicht alle russischen Verben bilden Aspektpaare.
Nur unvollendet sind folgende Verben:

быть	sein	находи́ться	sich befinden
звать	heißen	сиде́ть	sitzen
жить	wohnen, leben	спать	schlafen
лежа́ть	liegen	сто́ить	kosten
люби́ть	lieben	стоя́ть	stehen

Diese Verben geben meistens einen **Zustand** an.

§ 4 Die Bildung der Aspekte des Verbs

W Du weißt, dass einem deutschen Verb meist zwei russische gegenüberstehen, ein unvollendetes und ein vollendetes. Du kennst auch schon einige Aspektpaare (§ 3).

NEU Es gibt mehrere Arten, Aspekte zu bilden.
Du lernst nun, woran du den Aspekt eines Verbs erkennst.

1. Bildung des vollendeten Aspekts vom unvollendeten durch Vorsetzen eines Präfixes (Vorsilbe):

unvollendet →		**→ vollendet**	
звони́ть	**по** + звони́ть	**по**звони́ть	anrufen, telefonieren
писа́ть	**на** + писа́ть	**на**писа́ть	schreiben
де́лать	**с** + де́лать	**с**де́лать	machen, tun
чита́ть	**про** + чита́ть	**про**чита́ть	lesen

Bei Verbpaaren, die sich nur durch ein Präfix unterscheiden, ist das präfigierte Verb das vollendete.

2. Bildung des **unvollendeten** Aspekts vom vollendeten durch Anfügen eines **Suffixes** (Wortstammerweiterung oder -veränderung) an den Stamm:

vollendet →		**→ unvollendet**	
встать	вста + **ва́** + ть	вста**ва́**ть	aufstehen
рассказа́ть	расска́з + **ыва** + ть	расска́з**ыва**ть	erzählen
получи́ть	получ + **а́** + ть	получ**а́**ть	bekommen, erhalten

3. Bildung beider Aspektpartner von unterschiedlichen Wortstämmen:

unvollendet →	**vollendet**	
говори́ть	сказа́ть	sprechen, sagen

§ 5 Der Aspektgebrauch im Präteritum

W Du weißt, dass du dich bei Äußerungen im Präteritum für einen Aspekt entscheiden musst (§ 3).

NEU Du lernst jetzt, wann du im Präteritum welchen Aspekt verwenden musst.

R2

Regeln für die Aspektwahl im Präteritum:

Unvollendete Verben heben hervor:

– den **Verlauf**, die **Dauer** einer Handlung:

Вчера́ я до́лго **чита́л.**

Gestern habe ich lange gelesen.

– die **Wiederholung** einer Handlung:

Я уже́ три ра́за **чита́ла** e-mail.

Ich habe die E-Mail schon dreimal gelesen.

Vollendete Verben heben hervor:

– den **Abschluss**, das **Ergebnis** einer Handlung:

Спаси́бо за кни́гу. Вчера́ я **прочита́л** её.

Danke für das Buch. Gestern habe ich es (aus)gelesen.

– die **Einmaligkeit** einer Handlung:

Сего́дня по́сле обе́да я **прочита́ла** e-mail.

Heute Nachmittag habe ich die E-Mail gelesen.

⚠ Bestimmte „Signalwörter" helfen dir bei der Entscheidung für den richtigen Aspekt:

! Auf den **unvollendeten** Aspekt weisen hin:		! Auf den **vollendeten** Aspekt weisen hin:	
всегда́	immer	наконе́ц	schließlich, endlich
до́лго	lange	вдруг	plötzlich
час	eine Stunde (lang)	сейча́с	gleich
иногда́	manchmal		
ка́ждый день	jeden Tag		
мно́го (раз)	viel, oftmals		
обы́чно	gewöhnlich		
ча́сто	oft		

Всё поня́тно?

1 Erkundige dich **1.** nach Russland, **2.** nach Deutschland.

а) У тебя́ есть друг и́ли подру́га в …?
б) Как тебе́ нра́вится …?
в) Ты интересу́ешься …?
г) Ты лю́бишь …?
д) Ты уже́ был(а́) в …?
е) Како́й го́род – столи́ца …?
ж) Ты ча́сто ду́маешь о …?
з) Ты хо́чешь пое́хать в …?
и) Что ты ду́маешь об экску́рсии по …?
к) Э́то пода́рок из …?

2 Расскажи́ **1.** о Ю́лии, **2.** о Ли́дии, **3.** о Викто́рии.

а) Вы зна́ете …?
б) Газе́ты пи́шут о …
в) В газе́те фо́то …

Ю́лия

г) С … я говорю́ по-ру́сски.
д) брат, ~~сестра́~~
е) … год/го́да/лет

3 Schreibe das Wort heraus, das grammatisch nicht in die Reihe passt.

а) но́вому, ста́рому, широ́кому, поэ́тому, чёрному, ру́сскому, краси́вому
б) большо́й, ма́ленькой, голубо́й, отли́чной, знамени́той, домо́й, гла́вной
в) ма́леньким, больши́м, хоро́шим, говори́м, ру́сским, неме́цким

4 Допо́лни письмо́.

Приве́т, Са́ша!
Мы вчера́ с Оле́гом бы́ли на о́чень краси́в■ о́зере.
Мы лови́ли ры́бу и купа́лись. Пого́да была́ отли́чн■ и я сде́лал кла́ссн■ фотогра́фию: Оле́г стои́т с бо́льш■ ры́бой у но́в■ пала́тки! Как у тебя́ дела́? Ты ещё в спорти́вн■ ла́гере? А у тебя́ уже́ есть фотогра́фия Чёрн■ мо́ря?
Пока́
Гри́ша

5 Что пи́шут ру́сские газе́ты? Допо́лни загла́вия (Titel).

неме́цкий, ру́сский, по́льский, америка́нский, францу́зский

(1) Сканда́л в столи́це
(6) Вопро́сы к ка́нцлеру
(5) Интервью́ с врачо́м
(7) Приглаше́ние на да́чу президе́нта
(3) Добро́ пожа́ловать в столи́цу
(4) Пода́рок для президе́нта
(2) Конце́рт рок-гру́ппы в Москве́
(8) Экску́рсия по контине́нту

6 Du weißt nicht genau, was für ein Gegenstand bzw. was für eine Person gemeint ist. Verschaffe dir Gewissheit durch eine Rückfrage.

» Покажи́ мне **кни́гу**. – Каку́ю кни́гу?

а) Дай мне **газе́ту**.
б) Газе́та пи́шет о **теа́тре**.
в) Я люблю́ э́тот **журна́л**.
г) Та́ня занима́ется **литерату́рой**?
д) Она́ ча́сто хо́дит **в кино́**.
е) Как дойти́ **до магази́на**?
ж) Я звоню́ **Ви́ктору**.
з) Ви́ктор зна́ет **Ю́лию**?

7 Welcher russische Satz entspricht der beschriebenen Situation?
Du willst sagen, dass

а) du in den Ferien mehrmals zu Hause angerufen hast.
1. Во вре́мя кани́кул я звони́л домо́й.
2. Во вре́мя кани́кул я позвони́л домо́й.

б) Viktor diesen Pullover in der Türkei gekauft hat.
1. Э́тот сви́тер Ви́ктор покупа́л в Турции.
2. Э́тот сви́тер Ви́ктор купи́л в Турции.

в) du im Zelt gerade damit beschäftigt warst, eine SMS an Vitja zu schreiben.
1. В пала́тке я писа́л(а) Вите SMS-ку.
2. В пала́тке я написа́л(а) Вите SMS-ку.

г) du dieses Buch gestern im Zug ausgelesen hast.
1. Вчера́ в по́езде я чита́л(а) кни́гу.
2. Вчера́ в по́езде я прочита́л(а) кни́гу.

д) du Koljas Ansichtskarte aus Italien gestern Nachmittag bekommen hast.
1. Откры́тку Ко́ли из Ита́лии я получа́л(а) вчера́ по́сле обе́да.
2. Откры́тку Ко́ли из Ита́лии я получи́л(а) вчера́ по́сле обе́да.

8 Ergebnis oder Verlauf? Was soll jeweils hervorgehoben werden?
Ergänze das passende Verb im Präteritum.

а) де́лал(а) *или* сде́лал(а)?
– Ты до́лго (1) заря́дку в спорти́вном ла́гере?
– Обы́чно де́сять мину́т. А ты?
– Я не так до́лго (2) заря́дку. А сего́дня я (3) заря́дку с Ви́ктором.

б) расска́зывала *или* рассказа́ла?
О́ля вчера́ до́лго (1) о пробле́мах подру́ге.
А сего́дня она́ (2) ма́ме.

9 Einmal oder mehrmals? Was soll jeweils hervorgehoben werden?
Ergänze das passende Verb im Präteritum.

а) встава́л(а) *или* встал(а)?
– Когда́ ты обы́чно (1) в спорти́вном ла́гере?
– В 7 часо́в, то́лько сего́дня я (2) в 6 часо́в.
– Почему́ ты сего́дня (3) так ра́но?
– Сего́дня мы е́здили на экску́рсию к мо́рю.

б) звони́л *или* позвони́л?
– Ю́ра, ты во вре́мя кани́кул иногда́ (1) домо́й?
– Да, я ча́сто (2) домо́й. Вот и сего́дня (3) уже́ ма́ме.

10 **а)** Übersetze und begründe den Aspektgebrauch.
б) Ersetze писа́ть/написа́ть durch чита́ть/прочита́ть кни́гу und покупа́ть/купи́ть пода́рок.

1. И́ра, что ты де́лала вчера́ ве́чером? – Я писа́ла письмо́ домо́й.
2. Ты до́лго писа́ла письмо́? – Час.
3. Ты написа́ла письмо́? – Да, написа́ла.
4. Ты ча́сто пи́шешь пи́сьма? – Нет, обы́чно пишу́ еме́йлы и́ли SMS-ки.

▶ Die Lösungen findest du auf Seite 37.

В Санкт-Петербу́рге

§ 6 Der Nominativ Plural maskuliner Substantive auf -á/-я́

W Du weißt, dass der Nominativ Plural maskuliner Substantive gewöhnlich auf -ы oder -и endet.

NEU Einige maskuline Substantive bilden den Nominativ Plural auf -á oder -я́.

бе́рег – берега́	дом – дома́	о́стров – острова́
ве́чер – вечера́	лес – леса́	по́езд – поезда́
го́род – города́	но́мер – номера́	учи́тель – учителя́

R 1 Einige **maskuline** Substantive haben im **Nominativ Plural** die stets betonte Endung -**á** (nach hartem Stammauslaut) bzw. -**я́** (nach weichem Stammauslaut).

⚠ Nicht verwechseln! → цветы́ – *Blumen* (Singular: цвето́к)
→ цвета́ – *Farben* (Singular: цвет)

§ 7 Der Genitiv Plural der Substantive

W Du kennst schon einige Substantive im Genitiv Plural, z. B. часо́в und мину́т zur Angabe der Uhrzeit oder рубле́й von Preisangaben (GBH I, §§ 28, 36).

NEU Du lernst jetzt, woran du den Genitiv Plural der Substantive erkennst und wie du ihn bildest.

Regelmäßige Bildungsweisen des Genitivs Plural						
	maskulin		neutral	feminin		
	hart	weich	hart	hart	weich	auf -ия
Nom. Sg.	магази́н	гост**ь**	сло́в**о**	учени́ц**а**	неде́л**я**	экску́рс**ия**
Gen. Pl.	магази́н**ов**	гост**е́й**	слов	учени́ц	неде́л**ь**	экску́рс**ий**

Besonderheiten der Bildung des Genitivs Plural					
	maskulin		neutral		feminin
	nach Zischlaut	nach -й	-о-/-е-Einschub	auf -ей	-о-/-е-Einschub
Nom. Sg.	каранда́ш	музе́**й**	окн**о́**, письм**о́**	мо́р**е**	откры́тк**а**
Gen. Pl.	карандаш**е́й**	музе́**ев**	о́к**о**н, пи́с**е**м	мор**е́й**	откры́т**о**к

R 2 **Maskuline** Substantive mit hartem Stammauslaut enden im Genitiv Plural meistens auf -**ов**, mit weichem Stammauslaut auf -**ей**. **Neutrale** und **feminine** Substantive sind in der Regel **endungslos**.

Wenn du zunächst Mühe hast, den Genitiv Plural der Substantive richtig zu bilden, orientiere dich in einem 1. Lernschritt an den **regelmäßigen Bildungsweisen**. Suche in einem 2. Lernschritt nach weiteren Beispielen für die **Besonderheiten**.

⚠ Beachte diese Формен besonders:
друзья́ → друзе́й   лю́ди → люде́й   роди́тели → роди́телей   ребя́та → ребя́т

§ 8 Die Deklination der Substantive im Plural

W Die meisten russischen Substantive kannst du der I. oder der II. Deklination zuordnen. Wenn du unsicher bist, wohin ein Substantiv gehört, informiere dich mithilfe der folgenden Zusammenfassung.

I. Deklination	1. endungslose Maskulina auf harten bzw. weichen Konsonanten (-ь, -й) 2. Neutra auf -о, -е	магази́н, ру́бль, музе́й сло́во, мо́ре
II. Deklination	1. Feminina auf -а, -я und -ия 2. maskuline Personenbezeichnungen und Eigennamen auf -а und -я.	ка́рта, неде́ля, экску́рсия па́па, Ми́ша, Ко́ля

W Du kennst von den Substantiven bereits den Nominativ und Genitiv Plural (§ 7; GBH I, § 3).

NEU Jetzt lernst du die gesamte I. und II. Deklination im Plural kennen.

Э́ти ученики́ и учени́цы из Берли́на.	Diese Schülerinnen und Schüler sind aus Berlin.
Газе́ты пи́шут об экску́рсии учени́ц и ученико́в в Санкт-Петербу́рг.	Die Zeitungen schreiben über eine Exkursion der Schülerinnen und Schüler nach St. Petersburg.
Де́вочкам и ма́льчикам 15 и 16 лет.	Die Mädchen und Jungen sind 15 und 16 Jahre alt.
На фо́то мо́жно ви́деть учени́ц и ученико́в с их учи́тельницами и учителя́ми.	Auf dem Foto kann man die Schülerinnen und Schüler mit ihren Lehrerinnen und Lehrern sehen.
Гид расска́зывает о па́мятниках го́рода.	Der Führer erzählt von den Denkmälern der Stadt.

Die I. Deklination – maskuline und neutrale Substantive (Plural)

	maskulin			neutral	
	hart	weich[1]		hart	weich
Nom.	магази́ны[2]	го́сти	музе́и	слова́	моря́
Gen.	магази́нов[3, 4]	госте́й	музе́ев	слов[4]	море́й
Dat.	магази́нам	гостя́м	музе́ям	слова́м	моря́м
Akk.	магази́ны[5]	госте́й[5]	музе́и[5]	слова́	моря́
Instr.	магази́нами	гостя́ми	музе́ями	слова́ми	моря́ми
Präp.	(о) магази́нах	(о) гостя́х	(о) музе́ях	(о) слова́х	(о) моря́х

1 Weiche Maskulina auf -ь (гость) und -й (музей).
2 Nach г, к, х und Zischlaut steht -и (statt -ы).
3 Nach ц bei Stammbetonung -ев (statt -ов), z. B. ме́сяцев.
4 Zu Besonderheiten bei der Bildung des Genitivs Plural vgl. § 7.
5 bei unbelebten Substantiven wie Nom., bei belebten Substantiven wie Gen.

Die II. Deklination – feminine Substantive (Plural)

	feminin[1]		
	hart	weich	
Nom.	газе́ты	неде́ли	фотогра́фии
Gen.	газе́т[2]	неде́ль[2]	фотогра́фий
Dat.	газе́там	неде́лям	фотогра́фиям
Akk.	газе́ты[3]	неде́ли[3]	фотогра́фии[3]
Instr.	газе́тами	неде́лями	фотогра́фиями
Präp.	(о) газе́тах	(о) неде́лях	(о) фотогра́фиях

1 Ebenso maskuline Substantive auf -а/-я (wie па́па).
2 Zu Besonderheiten bei der Bildung des Genitivs Plural vgl. § 7.
3 Bei unbelebten Substantiven wie Nom., bei belebten Substantiven wie Gen.

Im Plural gilt für **maskuline** und **feminine** Substantive:
unbelebt: Akkusativ = Nominativ
belebt: Akkusativ = Genitiv

§ 9 Die Deklination von кто und что

W Du weißt, dass man nach Personen und Tieren mit кто? – *wer?*, nach Gegenständen und Pflanzen mit что? – *was?* fragt.

NEU Du lernst nun alle Kasusformen von кто? und что? kennen und gebrauchen.

Для **кого́** кни́га?	Für wen ist das Buch?	**Чего́** ты жела́ешь ей?	Was wünschst du ihr?
Кому́ ты помога́ешь?	Wem hilfst du?	**Чему́** ты рад?	Worüber bist du froh?
Кого́ ты не зна́ешь?	Wen kennst du nicht?	**Что** ты покупа́ешь?	Was kaufst du?
С **кем** ты говори́шь?	Mit wem sprichst du?	**Чем** ты занима́ешься?	Womit beschäftigst du dich?
О **ком** ты пи́шешь?	Über wen schreibst du?	О **чём** ты пи́шешь?	Worüber schreibst du?

Kasus	Präposition	Fragepronomen	
Nom.	--	кто?	что?
Gen.	(у/для/без/от/до/из/по́сле)	кого́?	чего́?
Dat.	(к)	кому́?	чему́?
Akk.	(на/в/за)	кого́?	что?
Instr.	(с/пе́ред)	кем?	чем?
Präp.	о/на/в	ком?	чём?

⚠ Beachte die Aussprache von **кого́** (ко[в]о́) und **чего́** (че[в]о́).

Vergleiche die Deklination von кто und но́вый (§ 2). Nutze die Gemeinsamkeiten beim Einprägen.

У **кого́**? – У но́в**ого** ученика́.
К **кому́**? – К но́в**ому** ученику́.
На **кого́**? – На но́в**ого** ученика́.
О **ком**? – О но́в**ом** ученике́.

§ 10 Die Personalpronomen (Instrumental und Präpositiv)

W Du kennst bereits alle Personalpronomen in den ersten vier Kasus (GBH I, § 24).

NEU Du lernst nun auch den Instrumental und den Präpositiv dieser Pronomen kennen.

Ко́ля – друг Зи́ны. О **ней** он ду́мает до́ма, в шко́ле, в кафе́. С **ней** – кла́ссно!
Зи́на то́же ду́мает о **нём**.
С **ним** она́ сиди́т в ча́те:
– Ты идёшь со **мной** на дискоте́ку?
– С **тобо́й**? Коне́чно!

Kolja ist Sinas Freund. Er denkt an sie zu Hause, in der Schule, im Café. Mit ihr ist es klasse!
Sina denkt auch an ihn.
Sie chattet mit ihm:
– Gehst du mit mir in die Disko?
– Mit dir? Natürlich!

Nom.	я	ты	он/оно́	она́	мы	вы	они́
Instr.	мной	тобо́й	(н)им	(н)ей	на́ми	ва́ми	(н)и́ми
Präp.	(обо) мне	(о) тебе́	(о) нём	(о) ней	(о) нас	(о) вас	(о) них

R 3 Nach Präpositionen wird den Pronomen он/оно́, она́, они́ ein н- vorangestellt, z. B. с ним.

⚠ Vor **мне** und **мной** wird an Präpositionen, die nur aus einem Konsonanten bestehen, ein **-о** angehängt, das erleichtert die Aussprache, z. B. **со‿мной**, **во‿мне**.
Vor **мне** wird die Präposition о zu **обо** erweitert.

§ 11 Die Konjugation des Verbs хоте́ть (2)

W Die Singularformen des Präsens von хоте́ть – *wollen* kennst du schon.
Du weißt auch, dass sie oft mit dem Infinitiv eines anderen Verbs gebraucht werden (GBH I, § 41).

NEU Nun lernst du die noch fehlenden Pluralformen.

И́ра и Макс **хотя́т** занима́ться матема́тикой, а мы **хоти́м** сиде́ть в Интерне́те.
Что вы **хоти́те** де́лать?

Ira und Max wollen Mathematik lernen, aber wir wollen ins Internet.
Was wollt ihr tun?

	Singular		Plural	
хоте́ть – *wollen*	я	хочу́	мы	хоти́м
	ты	хо́чешь	вы	хоти́те
	он/она́	хо́чет	они́	хотя́т

R 4 Die **Plural**formen von хоте́ть werden – anders als im Singular – nach der **и**-Konjugation gebildet.

§ 12 Die Verben auf -овать und -евать

Дени́с: Ты лю́бишь фотографи́ровать?
О́ля: Да, я мно́го фотографи́рую. Вчера́ я сфотографи́ровала корабли́ на Неве́.
Дени́с: А я бо́льше люблю́ танцева́ть. А ты танцу́ешь?

W Du kennst die e-Konjugation der Verben (GBH I, § 9).

NEU Die Verben mit Infinitiv auf -**ова**- und -**ева**- (nach **Zischlauten** und **ц**) werden nach der **e**-Konjugation konjugiert.

	фотографи́р**ова**ть	танц**ева́**ть	интерес**ова́**ться
Präsens			
я	фотографи́р**у**ю	танц**у́**ю	интерес**у́**юсь
ты	фотографи́р**у**ешь	танц**у́**ешь	интерес**у́**ешься
он/она́/оно́	фотографи́р**у**ет	танц**у́**ет	интерес**у́**ется
мы	фотографи́р**у**ем	танц**у́**ем	интерес**у́**емся
вы	фотографи́р**у**ете	танц**у́**ете	интерес**у́**етесь
они́	фотографи́р**у**ют	танц**у́**ют	интерес**у́**ются
Präteritum			
я/ты/он	фотографи́ровал	танцева́л	интересова́лся
я/ты/она́	фотографи́ровала	танцева́ла	интересова́лась
оно́	фотографи́ровало	танцева́ло	интересова́лось
мы/вы/они́	фотографи́ровали	танцева́ли	интересова́лись

R 5 Verben mit dem Suffix -**ова**-/-**ева**- werden nach der e-Konjugation konjugiert.
Dabei wird das Suffix durch -**у**- ersetzt.
Im **Präteritum** bleibt das Suffix -ова- bzw. -ева- erhalten.

⚠ Zu diesen Verben gehören viele Fremdwörter. Ebenso werden z. B. konjugiert: организова́ть, дискути́ровать, реаги́ровать, интерпрети́ровать, ремонти́ровать, протестова́ть, критикова́ть, информи́ровать.

Das wissen alle,
das weißt auch du:
aus -**ова**- und -**ева**-
wird im Präsens -**у**-.

Всё поня́тно?

1 Bilde den Nominativ Plural. Welche zwei Substantive gehören nicht in die jeweilige Reihe?

а) кабине́т, класс, компью́тер, но́мер, рефера́т, учи́тель, фильм
б) авто́бус, велосипе́д, го́род, дом, рестора́н, собо́р, стадио́н, тролле́йбус
в) учени́к, гитари́ст, однокла́ссник, журнали́ст, музыка́нт, тре́нер, тури́ст
г) бе́рег, ве́чер, го́род, дом, лес, музе́й, о́стров, по́езд, трамва́й

2 Расскажи́ о кани́кулах в ма́ленькой дере́вне: Здесь нет …
… теа́тры, конце́рты, музе́и, собо́ры, дворцы́, фонта́ны, рестора́ны, дискоте́ки, кино́, универма́ги, магази́ны, бути́ки, библиоте́ки, авто́бусы, трамва́и, корабли́, врачи́.

3 Отве́ть на вопро́сы. Setze passende Beispiele aus dem Kasten in den richtigen Fall.

а) Кого́ вы приглаша́ете на день рожде́ния?
б) Кому́ вы помога́ете?
в) С кем вы ча́сто говори́те о шко́ле?
г) О чём вы говори́те на уро́ке?
д) Кому́ вы ча́сто звони́те?
е) Что вы собира́ете?
ж) Чем вы занима́етесь?
з) О ком и о чём вы пи́шете в пи́сьмах и еме́йлах?

грибы́, кани́кулы, кни́ги, сувени́ры, ма́льчики из кла́сса, однокла́ссники, однокла́ссницы, откры́тки, подру́ги, рефера́ты, роди́тели, те́ксты, тури́сты из Росси́и, уро́ки, ученики́ из Герма́нии, учени́цы из Берли́на, учи́тельницы, учителя́, фотогра́фии, экску́рсии

4 Отве́ть на вопро́сы. Ersetze dabei die markierten Substantive durch ein Personalpronomen.

а) Ты с **Ви́ктором** идёшь в кино́?
б) Ты ча́сто ду́маешь о **Ви́кторе**?
в) Ты сего́дня сиди́шь в ча́те с **Ни́ной**?
г) Вы то́же говори́те о **Та́не**?
д) Ты сейча́с идёшь на трениро́вку с **Ве́рой** и **Ири́ной**?

5 Frage nach den hervorgehobenen Satzteilen.

а) **Ле́на и Ко́ля** до́ма.
б) Они́ де́лают **уро́ки**.
в) Ко́ля пи́шет рефера́т **о президе́нте Росси́и**.
г) Ле́на помога́ет **Ко́ле**.
д) Пото́м Ле́на занима́ется **матема́тикой**.
е) **У Ле́ны** есть приглаше́ние на конце́рт.
ж) Ве́чером она́ идёт **с Ко́лей** на конце́рт.
з) Э́то конце́рт класси́ческой му́зыки. Ле́на осо́бенно лю́бит слу́шать **Ба́ха.**

6 Скажи́, кто чем хо́чет занима́ться.
» игра́ть в футбо́л (ма́льчики) → Ма́льчики хотя́т игра́ть в футбо́л.

а) загора́ть на пля́же (И́ра) **б)** игра́ть в ка́рты (Ко́ля, Ле́на, Ви́тя) **в)** купа́ться в мо́ре (мы)
г) гуля́ть по ле́су (вы) **д)** собира́ть грибы́ (де́вочки) **е)** лови́ть ры́бу (тре́нер)

7 Что расска́зывает Та́ня? Вставь глаго́лы в ну́жной фо́рме.
 = дискути́ровать  = танцева́ть  = фотографи́ровать
Ле́том я мно́го . Вчера́ я  но́вый па́мятник. Тури́сты ча́сто  э́тот па́мятник. В шко́ле мы  о тури́стах в на́шем го́роде. Я о́чень люблю́  и ча́сто  с сестро́й. А ещё мы с сестро́й ча́сто  на дискоте́ках.

▶ Die Lösungen findest du auf Seite 37/38.

Ко́нкурс «Мой родно́й го́род»

§ 13 Die Deklination der Adjektive mit hartem Stammauslaut/ des Fragepronomens како́й (Plural)

W Du weißt bereits, wie die Singularformen und der Nominativ Plural der Adjektive mit hartem Stammauslaut und von како́й – *welcher* gebildet werden (§ 2 und GBH I, §§ 31, 33, 34).

NEU Du lernst nun die Pluralendungen der übrigen Kasus kennen.

Каки́**е** джи́нсы тебе нра́вятся?	– Чёрн**ые**.
Каки́**х** джи́нсов нет?	– Чёрн**ых**.
К каки́**м** джи́нсам идёт кра́сный сви́тер?	– К чёрн**ым** джи́нсам.
Каки́**е** джи́нсы купи́ла И́ра?	– Чёрн**ые**.
Пе́ред каки́**ми** джи́нсами лежи́т футбо́лка?	– Пе́ред чёрн**ыми**.
В каки́**х** джи́нсах И́ра вчера́ ходи́ла в кино́?	– В чёрн**ых**.

R 1 Im Plural haben die Adjektive und како́й für alle Geschlechter nur **eine** gemeinsame Endung.

	Plural maskulin/neutral/feminin	
	Adjektiv	Fragepronomen
Nom.	но́в**ые**	каки́**е**
Gen.	но́в**ых**	каки́**х**
Dat.	но́в**ым**	каки́**м**
Akk.	Nom./Gen.[1]	Nom./Gen.[1]
Instr.	но́в**ыми**	каки́**ми**
Präp.	(о) но́в**ых**	(о) каки́**х**

[1] Nom. vor unbelebten, Gen. vor belebten Substantiven.

Nach **г**, **к**, **х** und **Zischlaut** das **-ы** steht nie, hier schreibe immer nur das **-и**.

⚠ So wie die Adjektive werden auch die Ordnungszahlen (außer тре́тий) dekliniert.

§ 14 Bedeutung und Gebrauch von до́лжен (Präsens)

NEU Du lernst, wie man до́лжен – *müssen, sollen* verwendet.

Пе́тя **до́лжен** сде́лать уро́ки.	Petja muss (soll) Hausaufgaben machen.
На́стя обяза́тельно **должна́** попро́бовать моро́женое.	Nastja muss (soll) unbedingt das Eis probieren.
Э́то не **должно́** быть так.	Das soll (darf) nicht so sein.
Мы **должны́** помога́ть ста́рым лю́дям.	Wir müssen (sollen) alten Menschen helfen.
Ребя́та **должны́** э́то сфотографи́рофать.	Die Jugendlichen müssen (sollen) das fotografieren.

R 2 Etwas (unbedingt) **müssen/sollen** oder zu etwas **verpflichtet sein** wird im Russischen wie folgt ausgedrückt:

я/ты/он	+	**до́лжен**	+	Infinitiv	Die Formen von до́лжен stimmen in Genus und Numerus mit dem Subjekt des Satzes überein.
я/ты/она́		**должна́**			
оно́		**должно́**			
мы/вы/они́		**должны́**			

⚠ Die Verneinung (**не** до́лжен) kannst du im Deutschen mit *nicht müssen, nicht sollen, nicht dürfen* oder *nicht brauchen* ausdrücken.

⚠ Für den Infinitiv nach до́лжен orientiere dich an den Grundregeln des Aspektgebrauchs (§ 3), nach **не** до́лжен gebrauche den unvollendeten Infinitiv.

§ 15 Das Demonstrativpronomen э́тот (2)

W Du kennst bereits einige Deklinationsformen von э́тот – *dieser*. Du weißt auch, dass es wie ein Adjektiv dekliniert wird (GBH I, § 38).

NEU Du lernst die Endungen der übrigen Kasus von э́тот im Singular und Plural bilden und gebrauchen.

Ви́ктор лю́бит смотре́ть э́т**и** фи́льмы.	Viktor schaut diese Filme gern an.
Та́ня не о́чень интересу́ется э́т**ими** фи́льмами.	Tanja interessiert sich nicht sehr für diese Filme.
Что ты ду́маешь об э́т**их** фи́льмах?	Was denkst du über diese Filme?

	Singular			Plural
	maskulin	neutral	feminin	m./n./f.
Nom.	э́тот	э́то	э́та	э́ти
Gen.	э́того[1]	э́того[1]	э́той	э́тих
Dat.	э́тому	э́тому	э́той	э́тим
Akk.	э́тот/э́того[2]	э́то	э́ту (!)	э́ти/э́тих[2]
Instr.	э́тим (!)	э́тим (!)	э́той	э́тими
Präp.	(об) э́том	(об) э́том	(об) э́той	(об) э́тих

[1] Aussprache des г in ого wie [в].
[2] Nom. vor unbelebten, Gen. vor belebten Substantiven.

⚠ Sprich das [э] mit Ausnahme von э́тим im **Singular** immer **offen** wie [ä], im **Plural** immer **geschlossen** wie [e] in [See].

§ 16 Bedeutung und Gebrauch von мочь

NEU Du lernst, wie man die Formen von мочь – *können* im Präsens und Präteritum bildet und gebraucht.

мочь – können, möglich/erlaubt sein:					
Präsens			Präteritum		
я	могу́	+ Infinitiv			+ Infinitiv
ты	мо́жешь		я/ты/он	мог	
он/она́/оно́	мо́жет		я/ты/она́	могла́	
мы	мо́жем		оно́	могло́	
вы	мо́жете		мы/вы/они́	могли́	
они́	мо́гут				

⚠ Beachte im Präsens den Konsonantenwechsel **г** → **ж** (2. und 3. Pers. Sg. und 1. und 2. Pers. Pl.).

⚠ Beachte im Präteritum, dass die maskuline Form **ohne -л** gebildet wird: **мог**.

Я не могу́ прочита́ть э́тот текст.	Ich kann diesen Text nicht lesen.
Вы мо́жете мне сказа́ть, где нахо́дится вокза́л?	Können Sie mir sagen, wo sich der Bahnhof befindet?
Ты мо́жешь позвони́ть мне сего́дня?	Kannst du mich heute anrufen?
Ви́тя вчера́ не мог де́лать уро́ки.	Witja konnte gestern die Hausaufgaben nicht machen.

R3 **Können** (im Sinne von möglich/erlaubt sein) drückst du auf Russisch mit **мочь + Infinitiv** aus.

Всё поня́тно?

1 Vergewissere dich durch Nachfragen, welche Objekte und Personen dein Gesprächspartner gemeint haben könnte.

а) Verwende Fragen wie im Muster.

» Я хочу́ сфотографи́ровать **собо́ры**. – О каки́х собо́рах ты говори́шь?

1. Я хочу́ сфотографи́ровать **магази́ны**. 2. Что ты ду́маешь, мо́жно снять **музыка́нтов**? 3. Лю́ди о́чень интересу́ются **музе́ями**. 4. Ры́нок нахо́дится недалеко́ от **рестора́нов**. 5. Вы уже́ сфотографи́ровали па́мятники в **па́рках**? 6. Ты пи́шешь **те́ксты** для фи́льма о Москве́? 7. Иди́ к **ги́дам**. Они́ мно́го зна́ют о го́роде.

б) Verwende Fragen aus nicht mehr als drei Wörtern. » Каки́е собо́ры?

2 Du willst dir neue Kleidung kaufen. Notiere dir vorher, was du der Verkäuferin sagen willst.

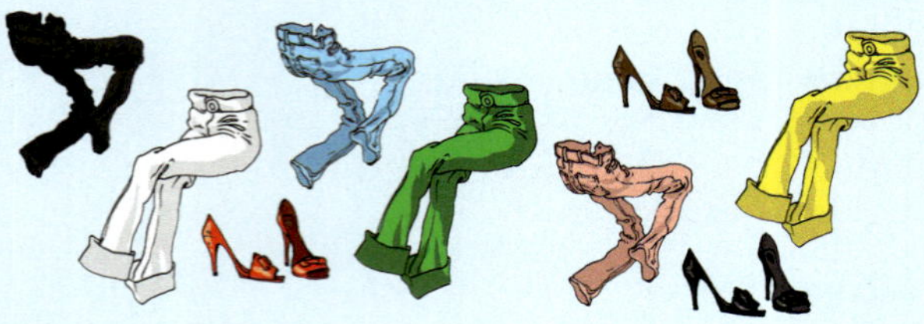

Как вам нра́вятся ...?
Что с ...?
Да́йте мне ...
Покажи́те мне ...
Мне иду́т ...?
Ско́лько стоя́т ...?
Мо́жно ходи́ть в ...?
У вас есть ...?
У вас нет ...?

3 Кто до́лжен что де́лать?

а) И́ре сего́дня о́чень пло́хо. (пойти́ к врачу́ – гуля́ть по па́рку – мно́го спать)

б) Ты получи́л(а) приглаше́ние на день рожде́ния дру́га. (отве́тить на приглаше́ние – купи́ть пода́рок – написа́ть поздравле́ние)

в) Та́ня и Макс хотя́т пое́хать в Со́чи. (гото́вить рюкзаки́ – пое́хать на вокза́л – купи́ть биле́ты)

4 Wiederhole und präzisiere deine Fragen, indem du э́тот in der erforderlichen Form ergänzt.

а) Ты ви́дишь ба́шню (мост, магази́ны, ме́сто на берегу́)?

б) Ты интересу́ешься собо́рами (краси́вым до́мом, ста́рой библиоте́кой)?

в) Как дое́хать до у́лицы (па́мятников, но́вого кино́, ры́нка)?

г) Ты идёшь к врачу́ (учителя́м, дру́гу, де́вочке)

д) Ты говори́шь о па́рке (гости́нице, ба́шнях Кремля́, метро́)?

5 Кто мо́жет и не мо́жет уча́ствовать в ко́нкурсе по ру́сскому языку́ в шко́ле?

вы
роди́тели
дире́ктор шко́лы
Ке́вин и Са́ндра

учи́тельница ру́сского языка́
Ле́на
я
ты
ба́бушка

6 Setze мочь in der entsprechenden Form ein.

– Ли́за, почему́ ты не была́ на конце́рте?
– Я не (1). Мы ходи́ли на дискоте́ку.
– А ты, Фа́биан?
– И я не (2). У нас бы́ли го́сти.
– А вы, Али́на и Ти́мо?
– Мы то́же не (3). Мы бы́ли на трениро́вке.

▶ Die Lösungen findest du auf Seite 38.

Вечери́нка у Ле́ны

§ 17 Der Imperativ der Verben

W Mit dem Imperativ kannst du Aufforderungen, Warnungen, Bitten und Befehle ausdrücken. Du kennst schon einige Imperative, z. B. извини́(те), скажи́(те), да́й(те). Andere hast du schon oft im Unterricht von deinem Lehrer gehört.

NEU Du lernst nun, wie man die Formen des Imperativs im Singular und Plural bildet.

Singular		Plural	
Чита́**й** бо́льше.	Lies mehr!	Чита́**йте** бо́льше.	Lest/Lesen Sie mehr!
Танцу́**й** с ней.	Tanz mit ihr!	Танцу́**йте** с ни́ми.	Tanzt/Tanzen Sie mit ihnen!
Занима́**й**ся спо́ртом.	Treib Sport!	Занима́**йте**сь спо́ртом.	Treibt/Treiben Sie Sport!
Говор**и́** с ним.	Sprich mit ihm!	Говор**и́те** с ним.	Sprecht/Sprechen Sie mit ihm!
Пиш**и́** мне.	Schreib mir!	Пиш**и́те** мне.	Schreibt/Schreiben Sie mir!
Гото́в**ь** обе́д.	Mach das Mittagessen!	Гото́в**ьте** обе́д.	Macht/Machen Sie das Mittagessen!

Infinitiv	→ 3. Pers. Pl.	→ Präsensstamm auf Vokal	→ Imperativ Sg.
чита́ть	они́ чит**а́**-ют	чит**а**-	Чита́**й**.
фотографи́ровать	они́ фотографи́р**у**-ют	фотографир**у**-	Фотографи́ру**й**.
занима́ться	они́ заним**а́**-ют|ся	заним**а**-	Занима́**й**ся.

R 1 Der Imperativ wird vom Präsensstamm gebildet. Endet er auf einen **Vokal**, füge **-й** an.

Infinitiv	→ 3. Pers. Pl.	→ Präsensstamm auf Konsonant	(1. Pers. Sg.)	→ Imperativ
говори́ть	они́ гово**р**-я́т	гово**р**-	(я гово**р**-ю́)	Говор**и́**.
писа́ть	они́ пи́**ш**-ут	пи**ш**-	(я пи**ш**-у́)	Пиш**и́**.
гото́вить	они́ гото́**в**-ят	гото**в**-	(я гото́**вл**-ю)	Гото́в**ь**.

R 2 Endet der Präsensstamm auf einen **Konsonanten** und ist die 1. Person Singular **endbetont**, füge **-и** an. Ist die 1. Person Singular **stammbetont**, hänge **-ь** an.

чита́**й**	→ чита́**йте**	
говор**и́**	→ говор**и́те**	
гото́в**ь**	→ гото́в**ьте**	
R 3	Den Imperativ im **Plural** erhältst du, wenn du an die Singularform **-те** anfügst. Die Pluralform kannst du auch zur höflichen Anrede *Sie* verwenden.	

⚠ Füge bei **reflexiven Verben** (GBH I, § 30) an die Imperativform nach Konsonant -ся, nach Vokal -сь an (z. B. интересу́йся, интересу́йтесь).

⚠ Setze nach russischen Aufforderungssätzen im Unterschied zum Deutschen kein Ausrufezeichen, sondern einen **Punkt**. Das Ausrufezeichen verwende nur bei besonders nachdrücklichen Aufforderungen.

⚠ Willst du dazu auffordern, etwas mit dir *gemeinsam* zu tun, kannst du auch дава́йте mit dem Infinitiv unvollendeter Verben verbinden (z. B. Дава́йте читать. – *Lesen wir!*).

§ 18 Die Grundzahlen 70–199

W Du kennst die Grundzahlen 1–69 (GBH I, §§ 2 und 25).

NEU Du lernst nun die Grundzahlen 70–199.

70 се́мьдесят	**80** во́семьдесят	**90** девяно́сто	**100** сто

⚠ Im Unterschied zu пятьдеся́т und шестьдеся́т liegt bei се́мьдесят und во́семьдесят die Betonung auf der **ersten** Silbe. Bei allen vier Zahlwörtern steht das Weichheitszeichen in der Mitte.

⚠ Bei zusammengesetzten Zahlen schreibst du – anders als im Deutschen, aber wie im Englischen – die einzelnen Zahlwörter getrennt.

Beachte dabei auch die Reihenfolge **Hunderter** – **Zehner** – **Einer**, z. B.

сто во́семьдесят пять

one hundred and eighty-five ≠ einhundertfünfundachtzig

§ 19 Das Substantiv nach den Grundzahlen ab 5 und nach unbestimmten Mengenangaben

W Du weißt, dass **оди́н** (**одно́**, **одна́**) mit dem Nominativ Singular und **два**/**две**, три und четы́ре mit dem Genitiv Singular des Substantivs gebraucht werden (GBH I, § 26).

NEU Du lernst, mit welchem Numerus und Kasus man im Russischen das Substantiv nach den Zahlen ab 5, nach den unbestimmten Mengenangaben *viel(e)*, *wenig(e)*, *einige* und dem Fragepronomen ско́лько – *wie viel(e)* verwendet.

...1	→ Nom. Sg.	...2 – ...4	→ Gen. Sg.		→ Gen. Pl.
21	учени́к	22–24	ученик**а́**	5–20	ученик**о́в**
91	сло́в**о**	92–94	сло́в**а**	95–100	слов
101	газе́т**а**	102–104	газе́т**ы**	105–120	газе́т
181	неде́л**я**	182–184	неде́л**и**	185–190	неде́л**ь**

R 4 Nach **5–20** steht das Substantiv im **Genitiv Plural**.
In zusammengesetzten Zahlwörtern **ab 21** richten sich Numerus und Kasus des Substantivs nach dem **letzten Wort** (z. B. bei 185 nach der 5).

Unbestimmte Mengenangaben					
Fragewort	ско́лько?	wie viel(e)	+	**Substantiv im Genitiv Plural**	Ско́лько киломе́тр**ов** до го́рода?
unbestimmte Mengen-angaben	мно́го ма́ло не́сколько	viel(e) wenig(e) einige			На ры́нке мно́го люд**е́й**. У Ни́ны ма́ло подру́г. Я купи́ла не́сколько помидо́р**ов**.

⚠ Substantive, die nur im Singular verwendet werden, stehen nach unbestimmten Mengenangaben im Genitiv Singular (z. B. мно́го ма́сла, ма́ло лу́ка).

§ 20 Bedeutung und Gebrauch von на́до (Präsens)

W Du weißt bereits, dass *müssen* im Sinne einer Verpflichtung im Russischen durch до́лжен + Infinitiv wiedergegeben werden kann (§ 14).

NEU Du lernst, wie man на́до – *müssen* gebraucht, um eine Notwendigkeit auszudrücken.

И́р**е** на́до де́лать уро́ки.	Ira muss Hausaufgaben machen.
Журнали́ст**ам** на́до узна́ть всё об э́том.	Die Journalisten müssen darüber alles erfahren.
Нам на́до купи́ть мя́со на шашлыки́.	Wir müssen Fleisch zum Grillen kaufen.
Тебе не на́до покупа́ть э́то дорого́е мя́со.	Dieses teure Fleisch musst du nicht kaufen.

R 5 Etwas **(nicht) müssen** im Sinne einer Notwendigkeit wird im Russischen so ausgedrückt:

Person im Dativ	**+ (не) на́до**	**+ Infinitiv**
(кому́)	(unveränderlich)	(uv. oder vo. Verb)

⚠ Wenn die handelnde Person nicht genannt wird, wird sie oft mit *man* übersetzt, z. B. Туда́ на́до е́хать на авто́бусе. – *Dorthin muss **man** mit dem Bus fahren.*

§ 21 Substantive mit Adjektivendung

W Du weißt schon, wie die Adjektive im Singular und Plural dekliniert werden (§§ 2, 13).

NEU Es gibt auch Substantive, die Adjektivendungen haben und ebenso wie Adjektive dekliniert werden. Du kennst bisher ва́нная, гости́ная, столо́вая und моро́женое:
Ря́дом с гости́**ной** на́ша столо́в**ая**. – *Neben dem Wohnzimmer ist unser Esszimmer.*

§ 22 Ortsangaben mithilfe von Präpositionen

NEU Du lernst, mit welchen Präpositionen du angeben kannst, wo sich etwas befindet, und welchen Kasus diese Präpositionen erfordern.

Ortsangaben				
Frage	Kasus	Präposition		Beispiel
Где?	Gen.	напро́тив о́коло сле́ва от спра́ва от у	gegenüber neben, bei links von rechts von an, am bei	Дива́н и стол стоя́т напро́тив телеви́зора. Кре́сло стои́т о́коло окна́. Ле́на сиди́т сле́ва от Ма́кса. Макс сиди́т спра́ва от Ле́ны. Макс стои́т у телеви́зора. Я в гостя́х у Ма́кса.
	Dat.	по	durch entlang	Ве́чером мы гуля́ли по у́лицам. Иди́ по э́той у́лице.
	Instr.	за пе́ред над под ря́дом с	hinter vor über unter neben	За кре́слом сиди́т ко́шка. Я стою́ пе́ред шка́фом. Карти́на виси́т над дива́ном. Соба́ка сиди́т под столо́м. Рюкза́к стои́т ря́дом с дива́ном.
	Präp.	в на	in, im auf, an in, im	Кни́га лежи́т в рюкзаке́. Журна́л лежи́т на столе́. Карти́на виси́т на стене́. Ребя́та живу́т на Кавка́зе. Ла́ра живёт на се́вере.

Куда́?	Gen.	до	bis (zu)	Как дойти́ до вокза́ла?
	Dat.	к	(hin) zu	Я иду́ к Ма́ксу.
	Akk.	в на че́рез	in (... hinein) nach auf nach, in über durch	Я иду́ в ко́мнату Ма́кса. Мы лети́м в Москву́. Я смотрю́ на карти́ну. Я иду́ на конце́рт. Иди́те че́рез у́лицу, а пото́м нале́во. Я иду́ че́рез лес.

§ 23 Die Deklination der Possessivpronomen мой, твой, наш, ваш (Singular)

W Du weißt, dass sich мой – *mein* und твой – *dein* (ebenso наш – *unser* und ваш – *euer/Ihr!*) in Genus, Kasus und Numerus nach dem zugehörigen Substantiv richten (GBH I, § 19).

NEU Du lernst, wie мой, твой, наш, ваш im Singular dekliniert werden.

Хоти́те посмотре́ть на́шу кварти́ру?	Wollt ihr euch unsere Wohnung ansehen?
В мое́й ко́мнате живёт попуга́й.	In meinem Zimmer wohnt ein Papagei.
Я мно́го слы́шала о твоём попуга́е.	Ich habe viel von deinem Papagei gehört.

R 6 Твой wird ebenso wie мой dekliniert, ваш ebenso wie наш.
Мой und твой sind endbetont, наш und ваш dagegen stammbetont.

	мой (твой)			наш (ваш)		
	maskulin	neutral	feminin	maskulin	neutral	feminin
Nom.	мой	моё	моя́	наш	на́ше	на́ша
Gen.	моего́[1]	моего́[1]	мое́й	на́шего[1]	на́шего[1]	на́шей
Dat.	моему́	моему́	мое́й	на́шему	на́шему	на́шей
Akk.	мой/моего́[2]	моё	мою́	наш/на́шего[2]	на́ше	на́шу
Instr.	мои́м	мои́м	мое́й	на́шим	на́шим	на́шей
Präp.	(о) моём	(о) моём	(о) мое́й	(о) на́шем	(о) на́шем	(о) на́шей

[1] Aussprache des г in его wie [в].
[2] Nom. vor unbelebten, Gen. vor belebten Substantiven.

⚠ Die Formen von ваш werden im Russischen auch für die höfliche Anrede verwendet und in Briefen groß geschrieben; z. B. Большо́е спаси́бо за **Ва́ше** письмо́.

Всё поня́тно?

1 Fordere dazu möglichst höflich **1.** deinen Freund oder deine Freundin **2.** mehrere Personen auf.

а) чита́ть текст **г)** говори́ть с ним по-ру́сски **ж)** идти́ на трениро́вку
б) де́лать уро́ки **д)** занима́ться спо́ртом **з)** отдыха́ть на да́че
в) писа́ть e-mail **е)** про́бовать я́блоки **и)** гото́вить чай

2 Finde die versteckten Zahlwörter und notiere sie.

а) столи́ца **б)** семья́ **в)** свобо́дное вре́мя **г)** дверь **д)** стол **е)** опя́ть **ж)** три́о

3 Notiere die folgenden Aufgaben und ihre Ergebnisse als Zahlwörter.

а) 40+30 **б)** 40+80-30 **в)** 41+59 **г)** 33+47 **д)** 100-60 **е)** 165-125+80-90

4 Допо́лни предложе́ния.

а) Ско́лько (вокза́л, музе́й, дворе́ц, шко́ла, кино́, ры́нок, спортплоща́дка) есть в э́том го́роде?
б) Здесь есть 5 (вокза́л, музе́й, дворе́ц, шко́ла, кино́, ры́нок, спортплоща́дка).
в) В го́роде есть 42 (вокза́л, музе́й, дворе́ц, шко́ла, кино́, ры́нок, спортплоща́дка)?
г) На фотогра́фии 81 (вокза́л, музе́й, дворе́ц, шко́ла, кино́, ры́нок, спортплоща́дка)?
д) В го́роде мы ви́дели мно́го (дом, парфюме́рия, суперма́ркет, кио́ск, маши́на, кино́).
е) Мы купи́ли ма́ло (бана́н, помидо́р, лук, виногра́д, огуре́ц, соси́ска, яйцо́).
ж) Да́йте мне не́сколько (бана́н, помидо́р, лук, виногра́д, огуре́ц, соси́ска, яйцо́).

5 Скажи́, что кому́ на́до сде́лать.

а) Са́ша написа́л мне письмо́. (отве́тить)
б) Ви́ктор, уже́ 19 часо́в. (у́жинать)
в) У Ко́ли нет моби́льника. (купи́ть)
г) Та́ня и И́ра живу́т далеко́ от теа́тра. (е́хать на авто́бусе)

6 Bestärke deinen Gesprächspartner in seiner Meinung und begründe das.
Ersetze dabei überall, wo das möglich ist, das Substantiv durch ein Personalpronomen.

а) Мне на́до позвони́ть Ка́те. (она́ до́ма)
б) Вам ещё на́до купи́ть проду́кты на у́жин. (ма́ма их ещё не купи́ла)
в) Де́тям на́до сде́лать уро́ки. (не сде́лали их в шко́ле)
г) Ли́зе на́до встре́титься с Бори́сом. (Бори́с – её брат)

7 Посмотри́ на карти́нки на стр. 26. Скажи́, где нахо́дится Ми́шка.

8 **а)** Соста́вь предложе́ния.

1. Э́то твой журна́л? (газе́та, письмо́, план го́рода)
2. Дай мне, пожа́луйста, твой журна́л. (газе́та, план го́рода, ру́чка)
3. Что мо́жно узна́ть в Интерне́те о твоём го́роде? (шко́ла, класс, люби́мый учи́тель)
4. Позвони́ твое́й сестре́. (брат, друг, подру́га)
5. Когда́ мо́жно занима́ться твои́м вопро́сом? (пробле́ма, письмо́, рефера́т)
6. На твое́й гита́ре мо́жно игра́ть? (пиани́но, балала́йка, компью́тер)

б) Richte diese Fragen und Aufforderungen an eine Person, die du siezt.

▶ Die Lösungen findest du auf Seite 38/39.

Где мы у́чимся

§ 24 Die Deklination der Adjektive mit weichem Stammauslaut

W Du kennst bereits die Deklination der Adjektive mit hartem Stammauslaut (§§ 2, 13).

NEU Du lernst jetzt, wie die Adjektive mit weichem Stammauslaut dekliniert werden.
Diese Gruppe umfasst nur eine kleine Anzahl von Adjektiven.
Dazu gehören u. a. зи́мний, весе́нний, ле́тний, осе́нний, дома́шний, после́дний.

Ско́лько неде́ль у вас зи́мние кани́кулы?	Wie viele Wochen habt ihr Winterferien?
Что вы де́лаете во вре́мя зи́мних кани́кул?	Was macht ihr in den Winterferien?
Где ты прово́дишь ле́тние кани́кулы?	Wo verbringst du die Sommerferien?
Ура́, это после́дний уро́к пе́ред ле́тними кани́кулами!	Hurra, dies ist die letzte Unterrichtsstunde vor den Sommerferien!
Макс хо́чет узнать всё о ле́тних кани́кулах в Герма́нии.	Max möchte alles über die Sommerferien in Deutschland erfahren.

Die Endungen der weichen Adjektive kannst du leicht von den entsprechenden harten ableiten, wenn du dir Mischkas Zauberformel merkst.

	Singular			Plural
Kasus	maskulin	neutral	feminin	m./n./f.
Nom.	ле́тн**ий**	ле́тн**ее**	ле́тн**яя**	ле́тн**ие**
Gen.	ле́тн**его**[1]	ле́тн**его**[1]	ле́тн**ей**	ле́тн**их**
Dat.	ле́тн**ему**	ле́тн**ему**	ле́тн**ей**	ле́тн**им**
Akk.	= Nom./Gen.[2]	ле́тн**ее**	ле́тн**юю**	= Nom./Gen.[2]
Instr.	ле́тн**им**	ле́тн**им**	ле́тн**ей**	ле́тн**ими**
Präp.	(о) ле́тн**ем**	(о) ле́тн**ем**	(о) ле́тн**ей**	(о) ле́тн**их**

[1] Aussprache des г in его wie [в].
[2] Nom. vor unbelebten, Gen. vor belebten Substantiven.

⚠ Die Endungen der maskulinen und neutralen Adjektive stimmen (außer im Nominativ und Akkusativ) überein. Die Pluralendungen sind für alle Geschlechter gleich.

§ 25 Das zusammengesetzte Futur

W Du kennst schon einige Verbformen: den Infinitiv, die e- und и-Konjugation im Präsens, den Imperativ und das Präteritum mit den Grundregeln für den Aspektgebrauch (§§ 3, 17 und GBH I §§ 8, 9).

NEU Du lernst jetzt, wie man das zusammengesetzte Futur der Verben bildet.

Что ты бу́дешь де́лать на выходны́х?	Was wirst du am Wochenende machen?
Ребя́та, вы бу́дете гото́виться к контро́льной?	Leute, werdet ihr euch auf die Klassenarbeit vorbereiten?
Я не бу́ду де́лать уро́ки.	Ich werde keine Hausaufgaben machen.

	быть				
я	бу́ду	работать	ich	werde	arbeiten
ты	бу́дешь		du	wirst	
он/она́/оно́	бу́дет		er/sie/es	wird	
мы	бу́дем		wir	werden	
вы	бу́дете		ihr/Sie	werdet/-en	
они́	бу́дут		sie	werden	

R 1 konjugiertes Hilfsverb быть
\+ Infinitiv des **unvollendeten** Verbs
= zusammengesetztes Futur

⚠ Wenn du быть als konjugiertes Vollverb, also ohne anschließenden Infinitiv verwendest, erhältst du das Futur von *sein*, z. B. По́сле обе́да я бу́ду на трениро́вке. – *Am Nachmittag werde ich beim Training sein.*

§ 26 Der Relativsatz mit кото́рый

W Du weißt, dass es Haupt- und Nebensätze gibt. Relativsätze gehören zu den Nebensätzen.

NEU Im Russischen werden Relativsätze oft durch das Relativpronomen кото́рый – *welcher* bzw. *der* eingeleitet.

1. кото́рый als Subjekt

На фо́то учени́к, кото́р**ый** хорошо́ говори́т по-ру́сски.	Auf dem Foto ist der **Schüler**, **der** (welcher) gut russisch spricht.
На э́том фо́то моя́ ба́бушк**а**, кото́р**ая** живёт в Берли́не.	Auf diesem Foto ist meine **Oma**, **die** (welche) in Berlin lebt.
На фо́то одноклáссник**и**, кото́р**ые** получи́ли приз.	Auf dem Foto sind die **Mitschüler**, **die** (welche) einen Preis bekommen haben.

2. кото́рый als Objekt

На фо́то **учени́к**, о кото́р**ом** говори́ла Ле́на.	Auf dem Foto ist der **Schüler**, über **den** (welchen) Lena sprach.
На фо́то ба́бушк**а**, кото́р**ую** я о́чень люблю́.	Auf dem Foto ist die **Oma**, **die** (welche) ich sehr gern habe.
На фо́то одноклáссник**и**, с кото́р**ыми** я был в Петербу́рге.	Auf dem Foto sind die **Mitschüler**, mit **denen** (welchen) ich in Petersburg war.

R2 Durch den Relativsatz wird ein Substantiv oder Pronomen im Hauptsatz näher erklärt. Mit diesem Bezugswort stimmt кото́рый (wie im Deutschen) in **Genus** und **Numerus** überein. Als **Subjekt** steht кото́рый im **Nominativ**, als **Objekt** richtet es sich nach dem Kasus, den das **Verb**/die **Präposition** im Nebensatz erfordert.

⚠ Das Relativpronomen кото́рый wird wie ein **Adjektiv** mit **hartem** Stammauslaut dekliniert (§§ 2, 13).

Всё поня́тно?

1 Допо́лни диало́г. Вставь «Зи́мний» в ну́жной фо́рме.
– Ли́за, хо́чешь посмотре́ть? Когда́ я был в Петербу́рге, я сфотографи́ровал (1) дворе́ц.
– Како́й он краси́вый! А ты был в (2) дворце́?
– Был. Ле́на, а ты зна́ешь, что (3) дворе́ц тепе́рь музе́й?
– Зна́ю. Моя́ сестра́ о́чень интересу́ется (4) дворцо́м.

2 **а)** Hebe in jedem Satz hervor, dass du von Begebenheiten im Winter (*) schreibst. Setze dazu jeweils die richtige Form des entsprechenden Adjektivs ein.
1. Сего́дня прекра́сный * день.
2. Све́тит * со́лнце.
3. В э́ту прекра́сную пого́ду я е́ду в * Петербу́рг.
4. Там я покупа́ю мо́дную * оде́жду.
5. Мне идёт э́то * пальто́?
6. Я хочу́ носи́ть э́то * пальто́!
7. Э́та ша́пка подхо́дит к моему́ но́вому * пальто́!
8. Тебе́ нра́вятся мои́ но́вые * брю́ки?

б) Напиши́ о пого́де и поку́пках ле́том в неме́цком го́роде.

3 Spekuliere, wer als Nächste(r) vielleicht das Gleiche tun wird.
» Ке́вин уже́ гото́вится к контро́льной по матема́тике. (я) – Мо́жет быть, я то́же бу́ду гото́виться к контро́льной.
а) Моя́ сестра́ у́чится игра́ть на гита́ре. (я)
б) Ва́ня уча́ствует в ко́нкурсе неме́цкого языка́. (Та́ня)
в) Я занима́юсь исто́рией на́шего го́рода. (Ко́ля и Ди́ма)
г) Ле́на и Ки́ра ча́сто пи́шут еме́йлы. (мы)

4 Напиши́ 5 предложе́ний о пла́нах на ле́тние кани́кулы. Чем вы бу́дете занима́ться в э́то вре́мя, ты, твоя́ семья́, твои́ друзья́?

5 Вставь «кото́рый» в ну́жной фо́рме и угада́й что э́то.
а) Э́то дом с кабине́тами, в ■ у́чатся де́ти.
б) Э́то площа́дка, на ■ ученики́ игра́ют в футбо́л и в баскетбо́л.
в) Э́то мужчи́на, ■ рабо́тает в шко́ле и занима́ется ученика́ми.
г) Э́то предме́т, на ■ ученики́ у́чатся счита́ть и реша́ть математи́ческие зада́ния.
д) Э́то зада́ния, ■ учени́к до́лжен занима́ться до́ма.
е) Э́то аппара́т, на ■ мо́жно рабо́тать, учи́ться, писа́ть, игра́ть.

6 Umschreibe folgende Dinge und Personen mit einem Relativsatz.
а) Klassenraum
б) Computerraum
в) Turnhalle
г) Bibliothek
д) Werkunterricht
е) Mitschüler
ж) Mitschülerin
з) Leser

▶ Die Lösungen findest du auf Seite 39.

I. und II. Deklination der Substantive (Singular und Plural) §§ 1, 6, 7, 8

	Singular						
	I. Deklination				II. Deklination		
	maskulin		neutral		feminin		
	hart	weich	hart	weich	hart	weich	
	auf Konsonant	auf -ь, -й	auf -о	auf -е	auf -а	auf -я	auf -ия
Nom.	магази́н[1]	музе́**й**[1]	сло́в**о**[3]	мо́р**е**	газе́т**а**	неде́л**я**	фотогра́ф**ия**
Gen.	магази́н**а**	музе́**я**	сло́в**а**	мо́р**я**	газе́т**ы**[4]	неде́л**и**	фотогра́ф**ии**
Dat.	магази́н**у**	музе́**ю**	сло́в**у**	мо́р**ю**	газе́т**е**	неде́л**е**	фотогра́ф**ии**
Akk.	магази́н[2]	музе́**й**[2]	сло́в**о**[3]	мо́р**е**	газе́т**у**	неде́л**ю**	фотогра́ф**ию**
Instr.	магази́н**ом**[3]	музе́**ем**	сло́в**ом**[3]	мо́р**ем**	газе́т**ой**[3]	неде́л**ей**	фотогра́ф**ией**
Präp.	(о) магази́н**е**[5]	(о) музе́**е**	(о) сло́в**е**	(о) мо́р**е**	(о) газе́т**е**	(о) неде́л**е**	(о) фотогра́ф**ии**
	Plural						
Nom.	магази́н**ы**[4, 6]	музе́**и**[6]	слов**а́**	мор**я́**	газе́т**ы**[4]	неде́л**и**	фотогра́ф**ии**
Gen.	магази́н**ов**[3, 7]	музе́**ев**[7]	слов[8]	мор**е́й**	газе́т[8]	неде́ль[8]	фотогра́ф**ий**
Dat.	магази́н**ам**	музе́**ям**	слов**а́м**	мор**я́м**	газе́т**ам**	неде́л**ям**	фотогра́ф**иям**
Akk.	магази́н**ы**[2, 4]	музе́**и**[2]	слов**а́**	мор**я́**	газе́т**ы**[2, 4]	неде́л**и**[2]	фотогра́ф**ии**[2]
Instr.	магази́н**ами**	музе́**ями**	слов**а́ми**	мор**я́ми**	газе́т**ами**	неде́л**ями**	фотогра́ф**иями**
Präp.	(о) магази́н**ах**	(о) музе́**ях**	(о) слов**а́х**	(о) мор**я́х**	(о) газе́т**ах**	(о) неде́л**ях**	(о) фотогра́ф**иях**

1 Ausfall des -**о**- oder -**е**- zwischen den beiden Endkonsonanten bei manchen Maskulina (ab Gen. Sg. in allen Singular- und Pluralformen), z. B. пода́р**о**к → пода́рка, д**е**нь → дня.

2 Belebt wie Gen., z. B. учени́к → ученика́ (Sg.)/ученико́в (Pl.), учи́тельница → учи́тельниц (Pl.).

3 Nach Zischlaut und ц stammbetont -**е**- (statt -**о**-), z. B. ме́сяц → ме́сяц**е**м (Instr. Sg.)/ ме́сяц**е**в (Gen. Pl.), со́лнц**е** → со́лнц**е**м (Instr. Sg.), учи́тельница → учи́тельниц**е**й (Instr. Sg.).

4 Nach г, к, х und Zischlauten steht -**и** (statt -**ы**).

5 Einige Maskulina bilden den Präp. Sg. nach den Präpositionen **в**/**на** auf -**у́**, z. B. аэропо́рт → в аэропорт**у́**, бе́рег → на берег**у́**, борт → на борт**у́**, год → в год**у́**, лес → в лес**у́**, мост → на мост**у́**, пол → на пол**у́**, сад → в сад**у́**, шкаф → в шкаф**у́**.

6 Einige Maskulina bilden den Nom. Pl. auf betontes -**а́** oder -**я́**, z. B. бе́рег → берег**а́**, ве́чер → вечер**а́**, дире́ктор → директор**а́**, дом → дом**а́**, го́род → город**а́**, лес → лес**а́**, но́мер → номер**а́**, остров → остров**а́**, по́езд → поезд**а́**, учи́тель → учител**я́**.

7 Nach Zischlaut und weichem Konsonanten -**е́й**, z. B. эта́ж → этаж**е́й**, рубль → рубл**е́й**.

8 Einschub von -**о**- oder -**е**- zwischen die Endkonsonanten des Stammes, z. B. окно́ → о́к**о**н, письмо́ → пи́с**е**м, откры́тка → откры́т**о**к, де́вочка → де́воч**е**к.

Nach **Zischlaut** schreibe **и**, **у**, **а** und immer **и** nach **г**, **к**, **х**!

Nach **Zischlaut** oder **ц** statt unbetontem **о** schreib **е**!

Die Deklination der Adjektive (Singular und Plural) §§ 2, 13, 21, 24

	Singular					
	maskulin		neutral		feminin	
	hart	weich	hart	weich	hart	weich
Nom.	но́вый[1]	зи́мний	но́вое	зи́мнее	но́вая	зи́мняя
Gen.	но́вого	зи́мнего	но́вого	зи́мнего	но́вой	зи́мней
Dat.	но́вому	зи́мнему	но́вому	зи́мнему	но́вой	зи́мней
Akk.	Nom./Gen.[2]	Nom./Gen.[2]	но́вое	зи́мнее	но́вую	зи́мнюю
Instr.	но́вым[1]	зи́мним	но́вым[1]	зи́мним	но́вой	зи́мней
Präp.	(о) но́вом	(о) зи́мнем	(о) но́вом	(о) зи́мнем	(о) но́вой	(о) зи́мней
	Plural					
Nom.	но́вые[1]	зи́мние	но́вые[1]	зи́мние	но́вые[1]	зи́мние
Gen.	но́вых[1]	зи́мних	но́вых[1]	зи́мних	но́вых[1]	зи́мних
Dat.	но́вым[1]	зи́мним	но́вым[1]	зи́мним	но́вым[1]	зи́мним
Akk.	Nom./Gen.[2]	Nom./Gen.[2]	Nom./Gen.[2]	Nom./Gen.[2]	Nom./Gen.[2]	Nom./Gen.[2]
Instr.	но́выми[1]	зи́мними	но́выми[1]	зи́мними	но́выми[1]	зи́мними
Präp.	(о) но́вых[1]	(о) зи́мних	(о) но́вых[1]	(о) зи́мних	(о) но́вых[1]	(о) зи́мних

1 Nach г, к, х und Zischlauten steht -**и** (statt -**ы**).
2 Nom. vor unbelebten, Gen. vor belebten Substantiven.

Die Deklination des Demonstrativpronomens э́тот § 15

	Singular			Plural
	maskulin	neutral	feminin	m./n./f.
Nom.	э́тот	э́то	э́та	э́ти
Gen.	э́того[1]	э́того[1]	э́той	э́тих
Dat.	э́тому	э́тому	э́той	э́тим
Akk.	э́тот/э́того[2]	э́то	э́ту (!)	э́ти/э́тих[2]
Instr.	э́тим (!)	э́тим (!)	э́той	э́тими
Präp.	(об) э́том	(об) э́том	(об) э́той	(об) э́тих

1 Aussprache des г in ого wie [в].
2 Nom. vor unbelebten, Gen. vor belebten Substantiven.

Die Deklination der Personalpronomen § 10

Nom.	я	ты	он/оно́	она́	мы	вы	они́
Gen.	меня́	тебя́	(н)его́	(н)её	нас	вас	(н)их
Dat.	мне	тебе́	(н)ему́	(н)ей	нам	вам	(н)им
Akk.	меня́	тебя́	(н)его́	(н)её	нас	вас	(н)их
Instr.	мной	тобо́й	(н)им	(н)ей	на́ми	ва́ми	(н)и́ми
Präp.	(обо) мне	(о) тебе́	(о) нём	(о) ней	(о) нас	(о) вас	(о) них

⚠ Nach Präpositionen wird den Pronomen он/оно́, она́, они́ ein **н-** vorangestellt, z.B. с ним.

Die Präpositionen (nach Kasus geordnet) § 22

Kasus	Präposition		Beispiel
Gen.	без	ohne *(Sache, Person)*	Я пью чай **без** са́хар**а**. Он живёт **без** роди́тел**ей**.
	для	für *(Sache, Person)*	Э́то пода́рок **для** ма́м**ы**. Э́то по́лка **для** книг.
	до	bis *(Ort, Zeit)*	Как дойти́ **до** вокза́л**а**? **До** у́жин**а** я чита́л кни́гу.
	из	aus (Ort)	Я **из** Берли́н**а**.
	напро́тив	gegenüber *(Ort)*	Музе́й нахо́дится **напро́тив** по́чт**ы**.
	о́коло	neben, bei *(Ort)*	Моя́ ко́мната нахо́дится **о́коло** ку́хн**и**.
	от	von *(Absender, Ort)*	Э́то письмо́ **от** Ко́л**и**. Стол стои́т спра́ва **от** окна́.
	по́сле	nach *(Zeit)*	**По́сле** шко́л**ы́** я отдыха́ю.
	про́тив	gegen *(Vorhaben, Ziel)*	Я **про́тив** экску́рс**ии**.
	у	bei *(Ort)*, haben	Я **у** Ми́ш**и**. **У** Ли́з**ы** есть брат.
Dat.	к	zu *(Richtung, Zeit)*	Я иду́ **к** врач**у́**. **К** у́жин**у** ма́ма гото́вит пюре́.
	по	in *(Fach)*, durch *(Ort)*	За́втра у нас контро́льная **по** фи́зик**е**.
Akk.	в	in, nach, am	Я иду́ **в** кин**о́**. Я лечу́ **в** Ри́гу. **В** сре́д**у** пра́здник.
	за	für *(Gegenwert, Ziel)*	Я **за** э́тот план.
	на	auf, in, zu *(Richtung)*	Я смотрю́ **на** го́ст**я**. Я иду́ **на** конце́рт/**на** по́чт**у**.
	че́рез	über, durch *(Richtung)*, nach, in *(Zeit)*	Мы идём **через** у́лиц**у**. Она́ получи́ла письмо́ **че́рез** ме́сяц.
Instr.	за	hinter *(Ort)*	**За** кре́сл**ом** сиди́т ко́шка.
	над	über *(Ort)*	Ла́мпа виси́т **над** стол**о́м**.
	пе́ред	vor *(Ort, Zeit)*	**Пе́ред** стол**о́м** стои́т кре́сло.
	под	unter *(Ort)*	Ко́шка лежи́т **под** стол**о́м**.
	ря́дом с	neben *(Ort)*	**Ря́дом с** ку́хн**ей** нахо́дится столо́вая.
	с	mit *(gemeinsam)*	Я говорю́ **с** учи́тел**ем**.
Präp.	в	in, im *(Ort, Zeit)*	Я живу́ **в** го́род**е**. **В** ма́**е** экску́рсия.
	на	auf, in, im *(Ort)*	Журна́л лежи́т **на** стол**е́**. Я живу́ **на** э́той у́лиц**е**.
	о	über, von *(Inhalt)*	Мы говори́м **о** Москв**е́**.

Die Grundzahlen §§ 18, 19

1	оди́н[1]	11	оди́ннадцать	20	два́дцать	100	сто
2	два[2]	12	двена́дцать	21	два́дцать оди́н[1]	101	сто оди́н[1]
3	три	13	трина́дцать	22	два́дцать два[2]	110	сто де́сять
4	четы́ре	14	четы́рнадцать	30	три́дцать	199	сто девяно́сто де́вять
5	пять	15	пятна́дцать	40	со́рок		
6	шесть	16	шестна́дцать	50	пятьдеся́т		
7	семь	17	семна́дцать	60	шестьдеся́т		
8	во́семь	18	восемна́дцать	70	се́мьдесят		
9	де́вять	19	девятна́дцать	80	во́семьдесят		
10	де́сять			90	девяно́сто		

[1] Je nach Genus des Bezugsworts gebrauche **оди́н** (теа́тр), **одно́** (я́блоко), **одна́** (буты́лка).
[2] Vor Maskulina und Neutra **два**, vor Feminina **две**.

Die Rektion der Grundzahlen		
1 + Nom. Sg.	**2, 3, 4 + Gen. Sg.**	**5–20 + Gen. Pl.**
оди́н учени́к	два ученика́	пять ученико́в
одно́ сло́во	два сло́ва	де́сять слов
одна́ газе́та	две газе́ты	сто газе́т

Bei zusammengesetzten Zahlwörtern ab 21 richten sich Numerus und Kasus des Substantivs nach dem **letzten Wort**, z. B. 191 кни́га.

Die Ordnungszahlen

1.	пе́рвый[1]	11.	оди́ннадцатый	21.	два́дцать пе́рвый
2.	второ́й	12.	двена́дцатый	22.	два́дцать второ́й
3.	тре́тий[2]	13.	трина́дцатый	23.	два́дцать тре́тий[2]
4.	четвёртый	14.	четы́рнадцатый	30.	тридца́тый
5.	пя́тый	15.	пятна́дцатый	31.	три́дцать пе́рвый
6.	шесто́й	16.	шестна́дцатый		
7.	седьмо́й	17.	семна́дцатый		
8.	восьмо́й	18.	восемна́дцатый		
9.	девя́тый	19.	девятна́дцатый		
10.	деся́тый	20.	двадца́тый		

[1] Endungen wie bei Adjektiven -**ый** (betont -**о́й**), -**ое**, -**ая**, -**ые**.
[2] Beachte die Sonderformen тре́т**ий**, тре́т**ье**, тре́т**ья**, тре́т**ьи**.

Урок 1

1 **1./2.** а) в Росси́и/в Герма́нии? б) Росси́я/Герма́ния? в) Росси́ей/Герма́нией? г) Росси́ю/Герма́нию? д) в Росси́и/в Герма́нии? е) Росси́и/Герма́нии? ж) о Росси́и/Герма́нии? з) в Росси́ю/Герма́нию? и) по Росси́и/Герма́нии? к) из Росси́и/Герма́нии?

2 **1./2./3.** а) Ю́лию/Ли́дию/Викто́рию б) Ю́лии/Ли́дии/Викто́рии в) Ю́лии/Ли́дии/Викто́рии г) Ю́лией/Ли́дией/Викто́рией д) У Ю́лии/Ли́дии/Викто́рии есть брат, а нет сестры́. е) Ю́лии/Ли́дии/Викто́рии ... год/го́да/лет.

3 **а)** поэ́тому **б)** домо́й **в)** говори́м

4 краси́вом/отли́чная/кла́ссную/бо́льшой/но́вой/спорти́вном/Чёрного

5 1. америка́нской 2. францу́зской 3. неме́цкую 4. по́льского 5. ру́сским 6. неме́цкому 7. ру́сского 8. америка́нскому

6 **а)** Каку́ю газе́ту? **б)** О како́м теа́тре? **в)** Како́й журна́л? **г)** Како́й литерату́рой? **д)** В како́е кино́? **е)** До како́го магази́на? **ж)** Како́му Ви́ктору? **з)** Каку́ю Ю́лию?

7 **а)** 1. **б)** 2. **в)** 1. **г)** 2. **д)** 2.

8 **а)** (1/2) де́лал(а) → Verlauf (3) сде́лал(а) → Ergebnis
б) (1) расска́зывала → Verlauf (2) рассказа́ла → Ergebnis

9 **а)** (1) встава́л(а) → Wiederholung (2/3) вста́л(а) → Einmaligkeit
б) (1/2) звони́л → Wiederholung (3) позвони́л → Einmaligkeit

10 **а)** (1) Ira, was hast du gestern Abend gemacht? – Ich habe einen Brief nach Hause geschrieben. → Verlauf der Handlung
(2) Hast du den Brief lange geschrieben? – Eine Stunde lang. → Dauer der Handlung
(3) Hast du den Brief fertig geschrieben? – Ja, ich habe ihn fertig geschrieben. → Ergebnis der Handlung
(4) Schreibst du oft Briefe? – Nein, gewöhnlich schreibe ich E-Mails oder SMS. → Präsens: nur unvollendeter Aspekt
б) (1) И́ра, что ты де́лала вчера́ ве́чером ? – Я читала кни́гу/покупа́ла пода́рок.
(2) Ты до́лго чита́ла кни́гу/покупа́ла пода́рок? – Час.
(3) Ты прочита́ла кни́гу/купи́ла пода́рок? – Да, прочита́ла/купи́ла.
(4) Ты ча́сто чита́ешь кни́ги/покупа́ешь пода́рки? – Нет, обы́чно чита́ю журна́лы/покупа́ю оде́жду.

Урок 2

1 **а)** номера́, учителя́ **б)** города́, дома́ **в)** ученики́, одноклáссники **г)** музе́и, трамва́и

2 ... теа́тров, конце́ртов, музе́ев, собо́ров, дворцо́в, фонта́нов, рестора́нов, дискоте́к, кино́, универма́гов, магази́нов, бути́ков, библиоте́к, авто́бусов, трамва́ев, корабле́й, враче́й.

3 **а)** Я приглаша́ю на день рожде́ния ма́льчиков из кла́сса/однокла́ссников/однокла́ссниц/подру́г.
б) Я помога́ю однокла́ссникам/роди́телям/тури́стам из Росси́и/учени́цам из Берли́на/учи́тельницам/учителя́м.
в) О шко́ле я ча́сто говорю́ с однокла́ссниками/однокла́ссницами/роди́телями/учи́тельницами/учителя́ми.
г) На уро́ке мы говори́м о кани́кулах/кни́гах/рефера́тах/те́кстах/об уро́ках/об экску́рсиях.
д) Я ча́сто звоню́ однокла́ссникам/однокла́ссницам/роди́телям.
е) Я собира́ю грибы́/кни́ги/сувени́ры/откры́тки/те́ксты/фотогра́фии.
ж) Я занима́юсь кни́гами/сувени́рами/откры́тками/рефера́тами/те́кстами/фотогра́фиями.

з) В пи́сьмах и еме́йлах я пишу́ о кани́кулах/о кни́гах/о ма́льчиках в кла́ссе/о сувени́рах/об одноклáссниках/об одноклáссницах/о фотогра́фиях/об экску́рсиях.

4 **а)** Да, с ним./Нет, не с ним, (я иду́ с ...). **б)** Да, я ча́сто ду́маю о нём./Нет не о нём (а о ...). **в)** Да, с ней./Нет, не с ней, (я сего́дня сижу́ в ча́те с ...). **г)** Да, мы говори́м о ней./ Нет, мы не говори́м о ней, (а о ...). **д)** Да, я иду́ с ни́ми./Нет, я не иду́ с ни́ми (, я иду́ с ...).

5 **а)** кто **б)** что **в)** о ком **г)** кому́ **д)** чем **е)** у кого́ **ж)** с кем **з)** кого́

6 **а)** И́ра хо́чет загора́ть на пля́же. **б)** Ко́ля, Ле́на и Ви́тя хотя́т игра́ть в ка́рты. **в)** Мы хоти́м купа́ться в мо́ре. **г)** Вы хоти́те гуля́ть по ле́су. **д)** Де́вочки хотя́т собира́ть грибы́. **е)** Тре́нер хо́чет лови́ть ры́бу.

7 фотографи́рую/(с)фотографи́ровала/фотографи́руют/дискути́руем/дискути́ровать/дискути́рую/танцу́ем

Урок 3

1 **а)** 1. О каки́х магази́нах ...? 2. О каки́х музыка́нтах ...? 3. О каки́х музе́ях ...? 4. О каки́х рестора́нах ...? 5. О каки́х па́рках ...? 6. О каки́х те́кстах ...? 7. О каки́х ги́дах ...?
б) 1. Каки́е магази́ны? 2. Каки́х музыка́нтов? 3. Каки́ми музе́ями? 4. От каки́х рестора́нов? 5. В каки́х па́рках? 6. Каки́е те́ксты? 7. К каки́м ги́дам?

2 *Individuelle Lösungen.*

3 **а)** И́ра должна́ пойти́ к врачу́. Она́ должна́ гуля́ть по па́рку. Она́ должна́ мно́го спать.
б) Я до́лжен/должна́ отве́тить на приглаше́ние. Я до́лжен/должна́ купи́ть пода́рок. Я до́лжен/должна́ написа́ть поздравле́ние.
в) Та́ня и Макс должны́ гото́вить рюкзаки́. Они́ должны́ пое́хать на вокза́л. Они́ должны́ купи́ть биле́ты.

4 **а)** э́ту ба́шню/э́тот мост/э́ти магази́ны/э́то ме́сто на берегу́? **б)** э́тими собо́рами/э́тим краси́вым до́мом/э́той ста́рой библиоте́кой? **в)** до э́той у́лицы/э́тих па́мятников/э́того но́вого кино́/э́того ры́нка? **г)** к э́тому врачу́/э́тим учителя́м/э́тому дру́гу/э́той де́вочке? **д)** об э́том па́рке /э́той гости́нице/э́тих ба́шнях Кремля́/э́том метро́?

5 *Lösungsvorschlag:* Я могу́/ты (то́же) мо́жешь/вы мо́жете/Ле́на мо́жет/Ке́вин и Са́ндра мо́гут уча́ствовать в э́том ко́нкурсе. Ба́бушка не мо́жет/роди́тели не мо́гут/учи́тельница ру́сского языка́ не мо́жет/дире́ктор шко́лы не мо́жет уча́ствовать в ко́нкурсе.

6 1. могла́ 2. мог 3. могли́

Урок 4

1 **1.** а) Чита́й, пожа́луйста, текст. б) Де́лай в) Пиши́ г) Говори́ д) Занима́йся е) Про́буй ж) Иди́ з) Отдыха́й и) Гото́вь
2. а) Чита́йте, пожа́луйста, те́кст. б) Де́лайте в) Пиши́те г) Говори́те д) Занима́йтесь е) Про́буйте ж) Иди́те з) Отдыха́йте и) Гото́вьте

2 **а)** сто **б)** семь **в)** одно́ **г)** две **д)** сто **е)** пять **ж)** три

3 **а)** со́рок плюс три́дцать бу́дет се́мьдесят **б)** со́рок плюс во́семьдесят ми́нус три́дцать бу́дет девяно́сто **в)** со́рок оди́н плюс пятьдеся́т де́вять бу́дет сто **г)** три́дцать три плюс со́рок семь бу́дет во́семьдесят **д)** сто ми́нус шестьдеся́т бу́дет со́рок **е)** сто шестьдеся́т пять ми́нус сто два́дцать пять плюс во́семьдесят ми́нус девяно́сто бу́дет три́дцать

4 **а)/б)** ско́лько/пять вокза́лов, музе́ев, дворцо́в, шко́л, кино́, ры́нков, спортплоща́док
в) 42 (два) вокза́ла, (два) музе́я, (два) дворца́, (две) шко́лы, (два) кино́, (два) ры́нка, (две) спортплоща́дки **г)** 81 (оди́н) вокза́л, (оди́н) музе́й, (оди́н) дворе́ц, (одна́) шко́ла, (одно́) кино́, (оди́н) ры́нок, (одна́) спортплоща́дка **д)** мно́го домо́в, парфюме́рий, суперма́ркетов, кио́сков, маши́н, кино́ **е)/ж)** ма́ло/не́сколько бана́нов, помидо́ров, лу́ка, виногра́да, огурцо́в, соси́сок, яи́ц

5 **а)** Мне на́до отве́тить ему́/Са́ше. **б)** Тебе́/Ви́ктору уже́ на́до у́жинать.
в) Ему́/Ко́ле на́до купи́ть моби́льник. **г)** Им/Та́не и И́ре на́до е́хать туда́ на авто́бусе.

6 **а)** Да, тебе на́до позвони́ть ей. Сейча́с она́ до́ма. **б)** Нам обяза́тельно на́до купи́ть проду́кты. Ма́ма их ещё не купи́ла. **в)** Им обяза́тельно на́до сде́лать уро́ки. Они́ их не сде́лали в шко́ле. **г)** Ей обяза́тельно на́до встре́титься с Бори́сом. Он её брат.

7 Ми́шка нахо́дится 1. пе́ред рюкзако́м. 2. за рюкзако́м. 3. под рюкзако́м. 4. над рюкзако́м. 5. в рюкзаке́. 6. на рюкзаке́. 7. ря́дом с рюкзако́м. 8. напро́тив рюкзака́.

8 **а)** 1. твоя́ газе́та/твоё письмо́/твой план го́рода 2. твою́ газе́ту/твой план го́рода/твою́ ру́чку 3. о твое́й шко́ле/о твоём кла́ссе/о твоём люби́мом учи́теле 4. твоему́ бра́ту/твоему́ дру́гу/твое́й подру́ге 5. твое́й пробле́мой/твои́м письмо́м/твои́м рефера́том 6. на твоём пиани́но/на твое́й балала́йке/на твоём компью́тере
б) 1. ваш журна́л/ва́ша газе́та/ва́ше письмо́/ваш план го́рода 2. ваш журна́л/ва́шу газе́ту/ваш план го́рода/ва́шу ру́чку 3. о ва́шем го́роде/о ва́шей шко́ле/о ва́шем кла́ссе/о ва́шем люби́мом учи́теле 4. Позвони́те ва́шей сестре́/ва́шему бра́ту/ва́шему дру́гу/ва́шей подру́ге. 5. ва́шим вопро́сом/ва́шей пробле́мой/ва́шим письмо́м/ва́шим рефера́том 6. на ва́шей гита́ре/на ва́шем пиани́но/на ва́шей балала́йке/на ва́шем компью́тере

Урок 5

1 1. Зи́мний 2. Зи́мнем 3. Зи́мний 4. Зи́мним

2 **а)** 1. зи́мний 2. зи́мнее 3. зи́мний 4. зи́мнюю 5./6. зи́мнее 7. зи́мнему 8. зи́мние
б) *Lösungsvorschlag:* Сегодня прекра́сный ле́тний день. Све́тит ле́тнее со́лнце. В э́ту прекра́сную пого́ду я е́ду в ле́тний Берли́н. Там я покупа́ю мо́дную ле́тнюю оде́жду. Смотри́ на фотогра́фии. Мне идёт э́то ле́тнее пальто́? Я хочу́ носи́ть э́то ле́тнее пальто́! Э́та ке́пка подхо́дит к моему́ но́вому ле́тнему пальто́? Тебе́ нра́вятся мои́ но́вые ле́тние брю́ки?

3 Мо́жет быть, **а)** я то́же бу́ду учи́ться игра́ть … **б)** Та́ня то́же бу́дет уча́ствовать в …
в) Ко́ля и Ди́ма то́же бу́дут занима́ться … **д)** мы то́же бу́дем писа́ть …

4 *Individuelle Lösungen.*

5 **а)** кото́рых (шко́ла) **б)** кото́рой (спортплоща́дка) **в)** кото́рый (учи́тель) **г)** кото́ром (матема́тика/а́лгебра) **д)** кото́рыми (уро́ки/дома́шние зада́ния) **е)** кото́ром (компью́тер)

6 **а)** Э́то больша́я ко́мната, в кото́рой у́чатся учени́цы и ученики́. **б)** Э́то кабине́т, в кото́ром ученики́ рабо́тают на компью́терах. **в)** Э́то ме́сто в шко́ле, в кото́ром мо́жно занима́ться спо́ртом. **г)** Э́то ме́сто, в кото́ром мо́жно чита́ть и получа́ть кни́ги, журна́лы и газе́ты.
д) Э́то предме́т, на кото́ром ученики́ у́чатся де́лать скаме́йки и по́лки. **е)** Э́то ма́льчик, кото́рый у́чится со мной в кла́ссе. **ж)** Э́то де́вочка, кото́рая у́чится со мной в кла́ссе.
з) Э́то челове́к, кото́рый чита́ет кни́ги и ча́сто посеща́ет библиоте́ку.

Du findest hier die Fachbegriffe, die im **Grammatischen Beiheft** verwendet werden sowie einige kursiv (*schräg*) gedruckte Wörter, deren Wiedergabe im Russischen Besonderheiten aufweist.
Die Tilde (~) ersetzt jeweils das fett gedruckte Stichwort.
Der Pfeil (→) zeigt dir, unter welchem lateinischen Stichwort du die gesuchte Information findest.
Die Zahlen beziehen sich auf die Paragrafen im **Grammatischen Beiheft**.